de la
couleur
des
mots

{ regards
{ histoires

D1513460

Nous remercions le Conseil des
Arts du Canada de l'aide accordée
à notre programme de publication
et la SODEC pour son appui
financier en vertu du programme
d'aide aux entreprises du livre
et de l'édition spécialisée.

Nous reconnaissons l'aide financière
du gouvernement du Canada par
l'entremise du programme d'aide
au développement de l'industrie
de l'édition (PADIÉ) pour nos
activités d'édition.

De la couleur des mots
a été publié sous la direction de
Michelle Corbeil, avec la collaboration
du Musée d'art contemporain de
Montréal et de l'Union des écrivaines
et écrivains québécois.

Conception graphique : Andrée Lauzon

Correction : Louise Chabalier

Diffusion au Canada
Diffusion Dimedia inc.
539, boulevard Lebeau
Ville Saint-Laurent (Québec) H4N 1S2

© 2001 éditions Les 400 coups

Dépôt légal – 2ᵉ trimestre 2001
Bibliothèque nationale du Québec
Bibliothèque nationale du Canada

ISBN 2-89540-034-2

Imprimé au Canada par
Litho Mille-Îles ltée.

de la couleur des mots

{ regards
{ histoires

Les 400 coups

À l'origine de ce livre, il y eut un désir, celui de provoquer une rencontre entre des écrivains et des artistes en arts visuels. Et puis il y eut une idée, celle de demander à des écrivains d'écrire un texte en s'inspirant d'une œuvre d'art visuel. Et aussi une intention, celle de créer un spectacle mariant textes et images qui serait présenté dans le cadre du 7e Festival de la littérature de l'Union des écrivaines et écrivains québécois, se déroulant du 11 au 19 mai 2001 sous le thème « Mondial de la littérature ». Finalement, il y eut aussi un rêve, celui de voir un jour ces textes inédits publiés.

Mais revenons au début de cette histoire qui a vraiment commencé le jour où Chrystine Brouillet, Herménégilde Chiasson, Denise Desautels, Roland Giguère, Suzanne Jacob, Claire Martin et Lucie Papineau ont accepté de se lancer dans cette belle aventure. Chacun d'entre eux devait d'abord choisir une seule œuvre parmi les quelque 3 300 œuvres de la collection permanente du Musée d'art contemporain de Montréal.

Par le plus étrange des hasards, Chrystine Brouillet et Claire Martin ont choisi la même toile de Mimi Parent, intitulée *Nu au portrait d'homme*. Et puis Herménégilde Chiasson s'est laissé séduire par *So Certain I Was, I Was a Horse* de Betty Goodwin; Denise Desautels, par une photographie (*Sans titre nᵒ 153*) de Cindy Sherman; Roland Giguère, par *Calme obscur* d'Alfred Pellan; Suzanne Jacob, par *Peinture — 5 février 1964* de Pierre Soulages; enfin Lucie Papineau, par *À mauve ouvert* de Jean McEwen.

Et puis vint le temps de l'écriture. Nous ne leur demandions pas de faire une analyse formelle de l'œuvre choisie, mais plutôt d'y puiser l'inspiration pour écrire un récit, une nouvelle ou un poème. À la lecture des textes, vous retrouverez la personnalité littéraire de chacun de ces auteurs que vous connaissez bien. Il est possible que leur regard posé sur l'œuvre vous étonne.

C'est au détour d'une phrase ou entre les lignes, ou quelquefois par des allusions à la lumière, à la couleur, aux formes, que les références à l'image apparaissent ici. Il importe cependant de lire les textes en regardant les œuvres des artistes, car, sans elles, ils ne pourraient exister.

Ce livre est un objet précieux. Il porte les traces d'une soirée inoubliable mise en scène par Martine Beaulne et qui eut lieu le mercredi 16 mai 2001 dans une des salles d'exposition du musée. Ce soir-là, il y eut une belle rencontre entre la littérature et les arts visuels.

Je l'ai dit, nous avions rêvé de la parution de ce livre. Si ce rêve est devenu réalité, c'est grâce à la complicité et à l'aide du Musée d'art contemporain de Montréal et de la maison d'édition Les 400 coups, mais aussi, naturellement, grâce au talent des écrivains et des artistes.

À tous, merci.

Michelle Corbeil

Directrice du Mondial de la littérature
7e Festival de la littérature de
l'Union des écrivaines et écrivains québécois

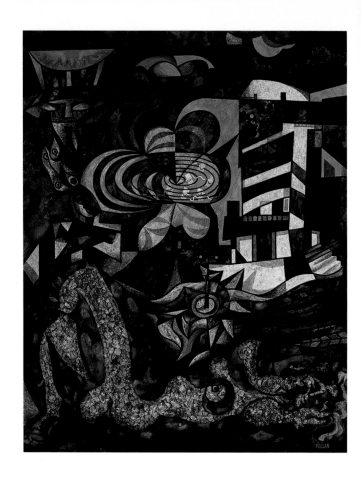

Alfred Pellan
Calme obscur, 1944-1947
Huile, silice, mâchefer sur toile
marouflée sur contreplaqué
208 x 167,3 cm

Collection Musée d'art
contemporain de Montréal
Photo : Patrick Altman,
Musée du Québec
© Succession Alfred Pellan /
Sodrac (Montréal) 2001

Roland Giguère

Clair obscur

On entre dans le tableau au moment prévu
le temps est venu d'éclairer la scène
d'effacer vite toutes ces ombres aveugles
et de retrouver les lueurs mêmes du désir

On dévoile la rose des vents
à vingt heures précises on avance
pas à pas sur un lit de pétales noirs
une porte s'ouvre sur une autre porte
une couleur en appelle une autre
et crie jusqu'à ce que le jour éclate
de mille feux à nos yeux éblouis

La vie s'enlise dans la pénombre
mais voici l'éclaircie tant attendue
où gisent des formes inconnues :
des visages qui coulent dans la marge
des nuages qui déchirent la page
un vent de soufre et de rage
une lettre oubliée sur la table
une ligne brisée un mot de trop
et le tableau se multiplie
sur des murs blancs et déserts
qui ne retiendront rien de ces éclats

L'œil se perd à l'intérieur de l'image
erre dans ces méandres infinis
dans les plis et replis du dessin
cette ligne qui cherche la fuite hors cadre
pour échapper aux enlacements

de ces courbes amoureuses et fatales
en soirée de dentelles au coin du feu
quand la maison dort dans ses pierres

On s'achemine vers un lieu interdit
où remuent tous les rêves possibles
comme l'évasion finale à portée de main
dans les labyrinthes multicolores
où nous retrouvons la vue première

Voici enfin ces avenues pavées de rubis
qui s'ouvrent sur le dernier paysage
aux confins de la mémoire
derrière les rideaux de nacre
à la tombée du soir.

Roland Giguère

Roland Giguère vit à Montréal. Poète, peintre et graveur, il a publié ses premiers poèmes en 1949. La même année, il a fondé les Éditions Erta, qui publient des livres d'art et de poésie. De 1954 à 1963, alors qu'il vivait à Paris, il a participé aux activités du groupe Phases et du mouvement surréaliste. Depuis, ses peintures et ses gravures ont fait l'objet de plusieurs expositions au Canada et à l'étranger. Par ailleurs, en 1966, il a reçu, pour *L'Âge de la parole*, le prix France-Canada et le Grand Prix littéraire de la Ville de Montréal. En 1974, il a refusé le Prix du Gouverneur général qui lui était décerné pour *La Main au feu*. Il a obtenu le prix Paul-Émile-Borduas pour l'ensemble de son œuvre plastique en 1982 et le prix Athanase-David pour son œuvre littéraire en 1999.

Mimi Parent
Nu au portrait d'homme, 1943
Huile sur panneau
40 x 29,5 cm

Don de la Fondation
Max et Iris Stern
Collection : Musée d'art
contemporain de Montréal
Photo : Denis Farley

Claire Martin

Le vert paradis et le chapeau noir

... le vert paradis des amours enfantines
L'innocent paradis plein de plaisirs furtifs...

Charles Baudelaire

L'enfance a ses passions amoureuses comme les autres âges pour peu que la vie vous ait eu à la bonne. On est amoureux d'un cousin, d'une camarade d'école, parfois d'un adulte, l'institutrice, le professeur de piano, le menuisier qui vient faire de petits travaux à la maison, d'un oncle jeune encore, d'une amie de maman. On ne se préoccupe pas trop du genre, si c'est celui pareil au sien ou si c'est celui qu'on n'a pas. Aussi longtemps qu'on est petit, on n'y regarde pas de si près. On est heureux ou bien on est jaloux.

À quatre ans, Galatée connaît déjà les affres de l'amour. Son père a pris un jeune assistant. Aussitôt vu, aussitôt adoré. Un coup de foudre comme celui-là, cela ne s'était jamais produit dans la famille. De plus, cela s'était fait de façon si extérieure que nul n'en put rien ignorer. C'est arrivé un lundi matin. Le père (qui a son bureau d'affaires dans la maison) est entré dans la salle à manger où sa femme et sa fille déjeunaient encore. Il était accompagné d'un jeune homme bien de sa personne, vêtu à la dernière mode et paré de deux yeux d'un bleu charmant qu'on pourrait dire rare si Galatée n'avait le même, ce qu'elle a vu tout de suite. Au reste, elle a tout vu. Elle est déjà rouge, d'un rouge !

— Je vous présente Paul, mon nouvel assistant. Ma femme et Galatée, ma petite fille.

Interdits, les parents ont vu leur rejetonne s'élancer, les bras grands ouverts, sur le jeune homme qui a bien dû se courber pour accueillir cet hommage inattendu. Il est rouge lui aussi et il n'a pas l'air mécontent. Dame ! on aime bien plaire, c'est naturel. Galatée n'entend pas ses parents lui remontrer qu'une petite fille bien élevée, etc. (Il y a des jours où on voudrait bien avoir encore quatre ans et s'élancer comme ça, sans attendre les délais convenables.) Elle se dit peut-être, qu'à tant faire que de vivre une grande passion, autant la commencer tout de suite. La sienne se traduit par de gros baisers mouillés qui sont les meilleurs à cet âge tendre.

Dans les jours, les semaines, les mois et même les années qui suivirent, Galatée ne connut point de refroidissement à ses ardeurs. Quand Paul venait faire un tour, après le travail, elle s'asseyait face à lui et ne le quittait pas du regard. À table, s'il était invité, elle mangeait à peine, elle le regardait. Après le repas, elle tournait autour de lui jusqu'à ce qu'il la prenne sur ses genoux où elle finissait par s'endormir avec, sur le visage, un sourire heureux. C'est qu'endormie elle rêvait de lui, mais oui, elle rêvait qu'il venait la chercher pour aller où? Le rêve ne le disait pas trop. Cependant, ce qui était bien précis, c'est qu'il portait toujours son beau feutre noir coquettement posé un peu de côté sur la tête. Un beau chapeau à larges bords comme il en portait vraiment, car le chapeau existait vraiment, c'est cela qui la ravissait quand l'excès de bonheur l'éveillait.

Dans le cercle de famille et chez les amis on s'amusait de cet amour contemplatif. Certains s'exclamaient : « C'est extraordinaire ! » Galatée, ces propos lui plaisaient bien et, parfois, quand personne ne pouvait l'entendre, elle chuchotait à l'oreille de Paul : « Je t'aime extraordinaire. » Elle avait raison, c'est une chose qui ne doit pas se taire.

Hélas ! vint un moment où Galatée fut moins petite, où dans les mêmes temps Paul commença à penser au mariage, non pas avec Galatée qui n'avait pas grandi autant que ça, tout de même, mais avec une jeune fille des environs. Puis, un soir :

— Ma chérie, tu es trop lourde, maintenant, je ne puis plus te prendre sur mes genoux. Tu n'es plus une toute petite fille.

Sombre journée ! Elle n'a que huit ans, est-on si lourde à huit ans ? On est cependant d'âge à s'interroger. Pourquoi Paul veut-il se marier ? Son amour à elle ne lui suffit donc pas ? Dans son jeune cœur, la jalousie furtive est entrée. Elle les a vus, dans le jardin public, s'embrasser longtemps et les mains qui s'égarent partout. Ah ? De voir cela, on éprouve une curieuse petite douleur. Si c'est pour ça qu'il veut se marier, elle peut l'embrasser aussi longtemps, ça ne doit pas être si difficile. À cette pensée, elle a senti, comment dire ? une sorte d'imitation de la curieuse petite douleur, pas tout à fait semblable et qui la laisse soucieuse.

— Y a-t-il quelque chose qui t'ennuie, ma Galatée ?

— Oui, il y a plein de choses.

— C'est parce que ton ami Paul se marie ? dit maman

qui voit bien tout. Tu sais, sa fiancée est très gentille et je suis sûre qu'elle t'aimera beaucoup.

— Je ne veux pas qu'elle m'aime.

— Bon. Mais Paul continuera à t'aimer, tu verras.

— Oui, mais il ne m'embrasse pas sur la bouche, moi.

— Tu es trop petite. Il faudrait que tu montes sur une chaise.

Elles se pâment de rire toutes les deux. On va faire un tour sur les chevaux de bois et on rentre à la maison qui sent la tarte aux pommes.

Le lendemain, qui est un lundi d'octobre, Paul arrive vers neuf heures, comme tous les jours. Cette année, c'est la première fois qu'il remet son chapeau noir. Galatée bat des mains comme s'il jouait pour elle une comédie qui prend une importance singulière quand il enlève son chapeau et le lui pose sur la tête. Elle crie :

— Tu me le donnes ?

Non, il le lui prête pour un petit moment, comme il lui a prêté un peu de son attention, un peu de son cœur, qui sait ? Elle se regarde dans la glace et voit bien que le chapeau ne lui va pas du tout, qu'il lui tombe sur le front et l'aveugle.

— Tiens, reprends-le !

Le mariage s'est fait au printemps. Paul a pris un travail plus en rapport avec sa situation nouvelle, puis il a quitté la ville pour une autre plus grande, plus bruyante, où les bureaux sont plus beaux, pleins de plantes vertes, paraît-il. Galatée est grande à présent. Autour d'elle, plus personne ne parle de Paul. L'assistant de papa est une assistante, c'est tout dire.

Un dimanche, il a pris à Galatée le désir d'aller voir de près cette grande ville si attirante. C'est ainsi qu'elle s'est trouvée, tout à coup, devant un musée où elle est entrée sans savoir pourquoi, sans savoir ce qui l'attendait. Nous, nous savons bien ce qui l'attendait : c'est ce portrait d'homme qu'une femme nue regarde en dessous. À travers le passé, les yeux embués, Galatée voit les traits indécis du portrait prendre le visage de Paul, les yeux de Paul tendres et lointains à la fois et… le chapeau noir comme en portent les poètes, pense-t-elle sans savoir pourquoi, car elle ne connaît pas de poètes, mais elle se souvient que le sentiment qu'elle lui portait était doux comme un poème. Justement, au-dessus du personnage – mais elle dit de Paul – il y a le bas d'un autre tableau d'un rose fané, avec de mystérieuses griffures noires, triste comme un amour perdu, un amour de poème. Il y en a un autre, à côté, sur ce même mur que regarde la femme nue, un tableau sur quoi on ne voit que des chaînes, sont-ce bien des chaînes, cela dépend à quoi l'on pense, noires sur un rouge fané lui aussi, des chaînes alignées qui semblent n'avoir rien retenu même si elles rosissent par le haut gentiment.

Galatée regarde presque heureuse, mais elle se laisse imprégner par les pensées douces qui lui reviennent du passé. Elle est contente d'avoir aimé. Elle reviendra souvent pour retrouver le souvenir sacré du premier amour.

J'aimerais vous dire qu'un dimanche, par un charmant hasard, elle s'est trouvée près de Paul devant le tableau, qu'il lui a dit qu'il était seul maintenant, mais, vraiment, je n'en sais rien du tout.

Claire Martin

Née à Québec où elle vit toujours, Claire Martin a publié en 1958 son premier titre, un recueil de nouvelles, *Avec ou sans amour*, qui a reçu le Prix du Cercle de France. Plusieurs livres ont suivi, dont un roman, *Doux-amer* (1960), qui vient d'être réédité, ainsi qu'un récit autobiographique, *Dans un gant de fer* (1965, Prix du Gouverneur général), suivi de *La Joue droite* (1966, Prix du Gouverneur général et prix France-Québec). Alors que tous croyaient qu'elle avait définitivement abandonné l'écriture, elle publie un recueil de nouvelles intitulé *Toute la vie* (L'Instant même, 1999) et, l'année suivante, un roman, *L'Amour impuni* (L'Instant même, 2000). En avril 2000, l'Académie des lettres du Québec lui décernait sa Médaille, une distinction honorifique soulignant l'importance de son œuvre littéraire.

Betty Goodwin
So Certain I Was, I Was a Horse,
1984-1985
Pastel, huile, fusain, mine de plomb,
cire et térébenthine sur vélin
323,5 x 327 cm

Collection : Musée d'art
contemporain de Montréal
Photo : Denis Farley

Herménégilde Chiasson

Suite en bleu mineur

L'histoire comme telle

C'est l'histoire d'un homme qui regarde à travers plusieurs couches de miroir tentant d'y découvrir le cœur ardent d'où jaillissent tous les doutes et toutes les inquiétudes.

C'est l'histoire d'un homme qui partit pour un grand voyage et qui, à la nuit tombée, déposa sa tête sur une pierre et rêva qu'il entendait de l'autre côté, le cœur du monde qui battait.

C'est l'histoire d'un homme, oui c'est mon histoire, mais c'est aussi l'histoire de ceux qui font des pieds et des mains pour apprendre à voler ou à nager, mais c'est un peu la même chose à quelques teintes de bleu près.

C'est l'histoire d'un homme perdu dans les mots et rêvant aux objets qui les contiendraient et qui, ne trouvant plus le moyen de retraverser les couches successives de miroir qui le séparait de la couleur, s'enlisa dans la beauté bruyante et sans retour de son époque désormais de plus en plus indéchiffrable.

Le monde saisi par le bleu

Une nuit j'ai rêvé à mon corps immergé dans un bleu total. Il n'y avait personne autour. Ce bleu prenait toute la place. Il s'inscrivait en faux sur le ciel et le reste n'était qu'une émanation qui recouvrait l'espace. Une couche de peinture fauve qui mangeait la nuit. Mes bras s'étendaient à perte de vue. Je n'avais que vous comme seul refuge. C'est si facile à dire. Ce serait comme dire qu'en dehors de cette mince pellicule de chaleur qui nous contient il n'y aurait place que pour ce bleu infini, cette froideur qui se presse contre le métal inoxydable, le son des instruments chirurgicaux qu'on dépose avec fracas et cette enveloppe qui retient tant bien que mal toute l'histoire du monde.

Une nuit j'ai rêvé au bleu, il n'y avait que vous dans ce rêve, je vous ai vu prendre forme, une lumière qui se libère de la pénombre, une lumière ancienne, outremer peut-être, sous la marée continentale de votre cœur agité dans ces lueurs historiques.

Une nuit j'ai rêvé au bleu et je vous ai suivi dans ce bleu pour mieux m'y perdre cherchant votre corps comme la source du mal, la mince paroi qui vous contenait et contre laquelle tant d'autres sont disparus en flammes.

Josef Beuys

Ce qui résiste de cette tentative, de ces inscriptions majeures qui pénètrent le papier comme de l'acide mordant dans les fibres, de l'oxyde, des restes, des fragments, des essais, des tentatives, des rituels, laissant des traces par terre pour dire aux autres qui viendront qu'il s'agit là d'une entreprise pour contenir le monde, pour lui donner une frontière fragile et émouvante comme la peau sur les os, comme la douleur de ceux qui meurent au loin et qui nagent contre la mort, leurs visages exagérés dans ces photos qui datent, leur mouvement mesuré avec une infinie précaution, comme si chaque pas était le fruit d'un effort inouï, d'un triomphe de minute en minute, leurs yeux transfigurés, s'incrustant dans la pellicule photographique, leurs regards témoins détournés du siècle pour ceux qui apprendront à les oublier, il faut bien vivre, il faut que la marche continue, inexorable, excusez-nous nous avons autre chose à faire, nous avons des mondes à parcourir et votre marche nous fait peur, votre lenteur est insoutenable, il faut faire avec, oui, nous en sommes conscients, mais nous sommes en train de voler, ne voyez-vous pas, nous ne redescendrons plus jamais sur terre, nous nous enfuirons, laissant sur les lieux ce corps encombrant pour aller livrer bataille aux anges mêmes.

Triptyque

La paroi amniotique qui survivra malgré nous constitue le chant d'un espoir absolu.

Ce pourrait être une phrase banale retrouvée par hasard, un matin de printemps, dans les poubelles de l'inconscient. Trois volets, trois chapitres, trois parois, trois rideaux, trois fenêtres, une lacération continuelle et trouver le moyen de traverser de l'un à l'autre, de passer dans un autre siècle, d'enfiler une série de galeries, de miroirs, pour se retrouver dans un espace de ferveur. C'est la nuit à nouveau. Vous êtes un voyageur fatigué. Il fait froid. Vous vous retrouvez seul dans une chambre mal éclairée. Vous ouvrez cette splendeur que vous transportez sans cesse avec vous, trois minuscules panneaux de bois, l'odeur de l'huile de lin se répand dans la pièce et vous prenez conscience que votre geste sera un jour oublié. Quelqu'un d'autre, ailleurs, plus tard, se rappellera peut-être de la trinité, mais vos doutes deviendront pour nous des certitudes. Le monde tournera. La vie après la science sera notre repos éternel. Nous vous envierons pour votre ferveur simple et solide comme ces cathédrales dont on dit qu'elles étaient pour vous l'équivalent de ces fusées qui nous prolongent vers le ciel.

Un vent tiède traverse la pièce où vous êtes. Sur le mur de contreplaqué, la pellicule de plastique ondule, transportant avec elle le corps immergé dans son émulsion d'huile de lin, le triple souvenir d'un mot qui la contenait autrefois et qui s'est rendu jusqu'à nous.

La tête qui se transforme en paysage

C'est l'histoire d'un homme qui vit sa tête se transformer en paysage. Le mal avait commencé dans les yeux et il s'aperçut un matin que soudainement le bleu se répandait sur son visage comme une sorte de bleu d'architecte délimitant des zones d'aménagement d'où bientôt commença à surgir une végétation foisonnante qui le forçait à garder la tête au ras du sol. Puis le temps passa. Il s'aperçut que sa peau prenait des allures de marécages, l'eau s'approchait de sa bouche qui se maintenait à peine au-dessus du niveau de la mer. Le temps passa. Ses cheveux se transformèrent en forêt. Des animaux étranges s'y aventurèrent. La nuit, quand il dormait, il entendait leurs sabots lui caresser le visage et il revoyait le temps où lui aussi, il pouvait se déplacer à sa guise, cherchant des lieux où seul le soleil a le droit d'entrer. Avec le temps il finit par devenir une île de sable, dérivant sur une mer d'un bleu dont les contrastes donnaient un relief émouvant à sa peau d'autrefois. Abandonné de tous, libre enfin dans son immobilité, le visage tourné vers le soleil, il dérivait, rêvant du jour où lui aussi il deviendrait un continent.

Le ciel gris derrière la mer et au-dessus de la neige

Si vous regardez au loin, si vous regardez assez longtemps, si vous regardez avec un certain désir de voir apparaître ce qui vous semble encore un ensemble de données plutôt floues et improbables, vous verrez surgir des indices, des couleurs dont certaines sont associées à des espaces, à des moments, à des températures. Bien sûr vous pouvez croire qu'il ne s'agit là que de simples illusions, les yeux sont si facilement dupes de tout ce qu'on peut faire pour les tromper, mais dans ce cas-ci vous serez agréablement surpris car il n'y pas de traits, il n'y a pas de mots, il n'y a même pas d'objets, il n'y a que de la couleur, l'étalage d'une fine transparence qui dans son recouvrement nous redonne le ciel. Qu'allons-nous en faire, de ce moment sublime, fabriqué, gris et lourd, ce détail qui ne devait être qu'un arrière-fond et qui pourtant contient notre lumière, notre manière de marcher l'hiver, de comprendre la neige et de faire en sorte que le gris ressemble au ciel ?

Rencontre sur l'heure du midi

Poursuivre le geste, remonter jusqu'à la main qui trace, suivre le mouvement du bras, retrouver le visage, les mots, l'esprit et cette élégance qui se prolonge dans le corps en suspension, dans son déplacement contraint, cette nage qui épuise et cette manière de parler, d'écouter, de regarder autour, la nourriture qui passe et les propos désordonnés d'un midi divisant une autre journée accablante, les perspectives nouvelles qui s'ingèrent, les comptes rendus affligeants de ceux qui ont vu la liberté s'enfuir de prison, les pays où la peinture, pour tout dire l'art, se voit contraint dans l'indigence.

Vous écoutiez d'une oreille attentive, je parlais de la Pologne que j'avais vue en désordre, la pollution dans le soleil du matin qui créait des brumes transparentes et lugubres, les corps qui s'en allaient grossir le contingent des masses travaillantes, ces peintures démodées aperçues rapidement dans la vitrine d'une des rares galeries et cette grisaille qui aurait mal supporté cette nudité immergée dont vous étiez l'instigatrice.

Exercices à faire si on ne sait pas nager

Laisser pendre les membres en essayant de se détendre du mieux que l'on peut. Essayer de faire le vide. Ne pas penser que l'on pourrait se contracter et disparaître dans le bleu profond des vagues. Simplement laisser le vide faire son œuvre, le laisser nous pénétrer. Penser à des choses simples comme le bruit des feuilles dans les arbres. S'imaginer sur la terre.

Garder le visage tourné vers le fond de la mer. Essayer

de ménager ses forces. Ne pas penser que l'on pourrait contrer son destin par un effort tendu de la volonté. Simplement laisser l'eau vous enlacer. Penser que vous survolez un univers sablonneux dont vous êtes un nuage. S'imaginer comme un poisson dans une vaste étendue toute bleue.

Soulever le visage que pour respirer, se laisser dériver. Essayer de croire aux miracles. Ne pas penser que personne ne vous entendra peut-être plus. Simplement se laisser dériver vers l'utérus où vous avez pris racine. Penser que d'autres mondes sont en train de s'agglutiner dans les poussières intergalactiques. S'imaginer en train de naître.

L'âge du cheval

Nous serons les premiers. Le cheval s'en ira tout seul. Marchant patiemment sur l'asphalte des grandes villes, il apparaîtra parfois, telle une intrusion, un reproche, une vision défaitiste de l'époque où il transportait le monde entier entre ses ornières. Nous serons les premiers. Après nous il s'en ira. Pas étonnant que les autos lui ont fait si peur. Sans doute avait-il compris que nous étions en train de faire un pacte avec les moteurs et qu'il devrait désormais s'éclipser discrètement. Nous en avions assez de voir sa croupe obscène. Nous avions d'autres visions en tête. Nous serons les premiers. Nos corps lumineux n'ont que faire de sa lenteur. Nous avons un contrat à vie avec l'accélération. Le corps suivra. Nous deviendrons des machines efficaces et de moins en moins éphémères. Nous vivrons vieux. Nous serons les premiers. Notre but n'est pas l'amphibie, la nage n'est pas notre étable, nous voulons la paix des oiseaux, leur liberté et leur grâce. La mer ne fait que nous menacer d'une douleur que nous avons créée. L'eau n'est pas faite pour nager. Nous sommes les premiers à ne plus croire aux animaux, à ne plus composer avec leurs obsessions démesurées. Notre corps est propre, musclé, bronzé. Notre vie est légère. Nous flottons sur l'air du temps. Notre siècle a tout compris.

Les esprits qui habitent le corps

Le rouge de l'âme contourne la nuit de son chant indescriptible. Étendu au milieu du corps dont il épouse les formes exactes, il se laisse entrevoir comme une esquisse de l'âme. Les parois du corps sont amovibles, diaphanes, rutilantes de couleurs charnelles, le sang y circule, c'est un large fleuve transportant des adieux, mais le moment où l'on se retourne, l'instant, le tout dernier instant avant de refermer la porte, de détourner le regard, de reprendre sa marche, les tout derniers mots avant que la figure ne se cristallise dans la mémoire, c'est ordinairement à cet instant que l'on voit l'âme surgir de son enveloppe et se dessiner dans le temps, suspendue au-dessus du vide, dans le bruit du moteur qui reprend avant que le silence ne s'installe tel un souvenir, un écho, une ombre.

La séparation de l'âme et du corps est un vieux problème mais personne n'a trouvé mieux comme antidote au poison de notre angoisse. Ceux qui ont vu savent et ceux qui ne verront jamais n'en savent pas plus alors autant faire comme si. Pourtant il est de ces moments où la paroi se fait précaire, le monde se dédouble à l'occasion, il irradie et le corps en est troublé dans son parcours éphémère.

Tentant de retourner vers les profondeurs ou les origines liquides de la vie, il en oublie ces figures tracées par le temps dans notre mémoire, ces contours indiquant la pose du corps sur les lieux du crime, ce dessin qui se cherche une tache pour le soutenir, ce geste qui ne s'en ira plus de notre mémoire telle cette nage ou cette chute, ce besoin de redonner au corps l'esprit qu'il croyait à jamais perdu, égaré dans les fibres optiques et les muscles tendus sous les urgences.

Herménégilde Chiasson

Herménégilde Chiasson vit en Acadie, à Robichaud (Nouveau-Brunswick). Son approche multidisciplinaire de la création fait de lui un voyageur, un artiste en arts visuels, un cinéaste, un dramaturge et un écrivain important. Il a donné plus de vingt textes au théâtre, a écrit de nombreux textes radio-phoniques et a signé une dizaine de scénographies. Il a réalisé plusieurs films, dont *Le Grand Jack* (1986) et *Photographies* (1998), et s'adonne également à la peinture, à l'estampe et aux arts graphiques. *Mourir à Scoudouc* (1974), *Prophéties* (1986), *Vous* (1991), *Vermeer* (1992), *Conversations* (1999, Prix du Gouverneur général), *Brunante* (2000) sont quelques-unes de ses principales publications à ce jour.

Pierre Soulages
Peinture – 5 février 1964, 1964
Huile sur toile
236,5 x 300,5 cm

Collection : Musée d'art
contemporain de Montréal

Suzanne Jacob

Alors, le bleu du ciel

Bien sûr, personne ne peut prévoir ce que son passé lui réserve. Mais ce qui m'étonne, c'est que l'enfouissement de cette histoire ait eu lieu bien avant *Peinture – 5 février 1964* de Pierre Soulages. Le peintre n'a pas pu avoir été témoin de cette histoire ni en avoir recueilli le récit : il n'y a jamais eu de récit, mais de l'enfouissement, que de l'enfouissement dans l'air.

Il y a des moments où on croit que le jour tombe alors qu'il se lève. C'est pareil pour le rideau de scène, pareil pour le voile du temple. Parfois, c'est à la seconde où ils se referment, jour, rideau ou voile, que l'histoire se retourne et vous pénètre les os. Vous n'élucidez pas comment, alors que vous en étiez le témoin, vous en devenez l'acteur. Ou comment, sur le point d'en être l'acteur, vous devenez le témoin de l'histoire. En tout cas, c'est bien cette histoire-là que *Peinture – 5 février 1964* appelle, lorsque sa colère a éclaté contre le piano. Lorsque ses doigts sont devenus ces marteaux fous qui ont assailli le clavier du piano. Lorsque ses doigts se sont repliés dans ses paumes pour former ces poings qui se sont dressés au-dessus de la partition avant de s'abattre sur le clavier et d'y assommer ce puissant désaccord, ce vacarme monumental qui a percuté nos corps. Lorsqu'elle a ensuite claqué le couvercle du clavier avec une violence extrême. Lorsqu'elle a quitté la pièce sur ces mots : affaire classée.

Ce soir-là, elle n'a pas fait le tour des chambres. Nos fronts sont restés humides et froids, à la merci du givre. Nous aurions pu craindre être devenus sourds tellement la collision avait été brutale, mais au contraire, au fur et à mesure que le temps quittait la partition pour reprendre son battement de maison, nos oreilles gagnaient de l'acuité. Nous pouvions suivre les échos du vacarme s'enfouissant de plus en plus creux dans les fibres des murs. Oui, nous aurions pu craindre pour nos tympans, mais ce furent les yeux, ce fut la vue : un voile se forma, se tendit au fond de l'œil en faisant remuer des images muettes où une géante magistrale empoignait le piano à bras-le-corps et le projetait à travers la baie vitrée. Où le piano s'enfonçait dans l'épaisseur de neige où nous avions creusé et croisé nos tunnels. Où la table d'harmonie se fendait sec sous l'effet du gel. Où les images muettes gelaient à leur tour dans le voile raidi au fond de l'œil. Puis, à l'aube, c'est ce que nous avons vu, nous avons vu que toutes les couleurs s'étaient effondrées, qu'il n'en restait plus que de petites traînées de poussière au pied des murs et des objets, ses lèvres blanches désormais, notre mère. Nous avons baissé la tête pour passer sous ses lèvres et quitter la maison. Apercevant qu'il ne restait du bleu du ciel qu'une mince couche de poudre sur la neige, nous avons rampé dans nos tunnels. Là où nos tunnels se croisaient, nous avons, sans rien prononcer, comparé les griffures du rêve sur nos fronts.

Quelque temps ensuite, Moïse redescend du Sinaï. Une fois près du camp, il aperçoit l'idole. Il s'enflamme de colère. Il jette les deux tables du Témoignage écrites des deux côtés, partition de Dieu qu'il tient en main, et il les met en pièces au bas de la montagne. Alors nous quatre, assis carré sur le même banc de chêne dans la nef obscure de la cathédrale, nous constatons que les petites lunettes encerclées de fer que nous portons depuis peu empêchent les accents de la colère de Moïse de jaillir des tables pour venir épaissir le voile raidi qui nous blesse encore le fond des yeux. Pendant que Moïse escalade à nouveau le mont Sinaï, s'agrippant aux aigres broussailles en s'exerçant à prononcer sans faillir la prière qui contiendra la colère de Dieu, nous quatre, assis carré, nous additionnons mentalement nos âges, comme nous en avons pris l'habitude pour nous protéger des éclaboussures de la colère. Mais rien n'éclate. Moïse est tout prêt à démissionner et parle d'une voix tendre : « Hélas, plaide-t-il alors auprès de Dieu, oui, ce peuple a commis un grand péché. Pourtant, s'il te plaisait de pardonner leur péché… ! Sinon, efface-moi, de grâce, du livre que tu as écrit. » Nous n'écoutons pas la suite. Nous dévalons la côte de la cathédrale, nous nous enfilons dans la maison, nous nous alignons sous les lèvres blanchies de la géante notre mère, nous puisons un long souffle en nous et nous gravons lentement cette prière silencieuse dans l'air qu'elle inspire : « Efface-nous, de grâce, du livre que tu as écrit ! » Derrière nos huit fenêtres encerclées de fer, nous guettons et nous constatons que l'air que la géante inspire se creuse des lettres lentes que nous pensons une à une. Grâce ensuite à l'extraordinaire finesse de notre ouïe, nous entendons nos noms s'effacer un à un, un à un s'effacer de son livre sans y laisser d'ombre ou de cicatrice, sans y laisser de grain d'efface ou de poudre, sans y laisser le plus petit écho d'aiguille. Mais hélas, au fur et à mesure que nos noms s'effacent de son livre, notre mère rétrécit, rapetisse, se perd dans ses linges. Terrifiés tous les quatre, nous fuyons. Nous descendons par la dune derrière le kiosque de fanfare jusqu'à la voie ferrée. Sur un rail, nous alignons nos lunettes en écartant bien leurs branches. Tapis sous les églantiers de la dune, nous attendons le passage du train de midi.

Suis-je l'acteur ou le témoin? Au cri de la locomotive, les lèvres de la géante notre mère se sont trouvées soudées et les femmes de la rivière ont rabattu des tissus noirs sur les pansements dont elles ornaient leur tête. L'âme de la géante a surplombé la ville avant d'être enfouie dans l'air. Le châtiment qui s'est abattu sur nous a été terrible. Le châtiment a entrepris de nous défaire et il nous a défaits, les quatre, pour toujours. Suis-je l'acteur ou le témoin? Nuit, rideau ou voile, est-ce une idole qui se soulève d'un pli, comment pourrais-je savoir ma part de faute, comment pourrais-je reconnaître ma part d'abîme? Nous sommes devenus des orphelins séparés les uns des autres, chacun effaçant nerveusement son nom s'il le trouvait écrit sur une page. Puis des méthodes fortes, et enfin, oubli, affaire classée, chacun pour soi, aucun amour ne parvenant à les écrire l'un ou l'autre dans son livre, mais tous bien portants, amnésiques, sans gras. J'étais le dernier, le plus petit. Jusqu'à *Peinture — 5 février 1964*, j'ai imaginé beaucoup d'images en espérant. Puis oublié aussi ce que j'espérais. Il ne me restait de nous quatre, jusqu'à *Peinture — 5 février 1964*, que cet espoir sans objet qui parfois flambait à la vue de lèvres décousues, qui se hâtait aussi de fuir si la musique avançait vers sa terrifiante impasse. Il ne me restait qu'un espoir sans objet que la musique faisait souffrir. Chaque lettre du nom possède un œil. Chaque œil de chaque lettre d'un nom est voilé par l'effet d'une colère qui se calcine éternellement en lui, et cette colère est originelle et il vaut mieux ne pas être inscrit, voilà, je répète tout ce que j'ai pu bâtir pour atténuer la distance. Est-ce qu'il y a quelqu'un, ni acteur ni témoin, qui soit présence, présence sans nom dont la pensée prononcée lentement dans l'espace peut mettre fin à l'aveuglement, opérer un miracle sans le signer ? Cette présence qui n'est ni jour, ni rideau, ni voile, rétablit le jour, rideau ou voile. D'un seul geste prononcé dans l'espace comme une prière prononcée dans la pensée, cette présence délivre la lumière, délivre l'œil de la lettre de la colère originelle. Alors, le bleu du ciel.

Suzanne Jacob

Née à Amos, en Abitibi, Suzanne Jacob vit à Montréal. Romancière, nouvelliste, dramaturge, essayiste et poète, elle a longtemps mené en parallèle une carrière d'auteur-compositeur-interprète. Depuis quelques années, elle se consacre entièrement à l'écriture. Son roman *Laura Laur* lui a valu, en 1983, le Prix du Gouverneur général et le prix Québec-Paris. En 1997, elle a également obtenu le prix de la revue *Études françaises* pour *La Bulle d'encre* et, en 1998, le Prix du Gouverneur général pour son recueil de poésie *La Part de feu*. Tout récemment (2001), elle publiait *Rouge, mère et fils* (Seuil).

Mimi Parent
Nu au portrait d'homme, 1943
Huile sur panneau
40 x 29,5 cm

Don de la Fondation
Max et Iris Stern
Collection : Musée d'art
contemporain de Montréal
Photo : Denis Farley

Chrystine Brouillet

Nu 43

— Alors, mon ami, n'est-il pas merveilleux ?

Georges Gassin désignait le tableau qu'il venait d'ajouter à sa collection, une huile superbe de Mimi Parent qu'il convoitait depuis longtemps. Il avait vu cette toile pour la première fois dans une petite galerie d'art à Montréal et il s'était épris du modèle, une femme au dos magnifique, aux formes souples et douces, à la peau de miel et d'ambre. Il avait cherché à en savoir davantage sur l'inconnue qui avait posé pour l'artiste, mais il était finalement rentré à Paris sans avoir pu assouvir sa curiosité. Et voilà que le destin remettait la toile de Parent sur son chemin.

— Incroyable, non ? J'ai rêvé de posséder ce tableau et je m'en voulais terriblement de ne pas l'avoir acheté quand j'étais au Canada. Et je retrouve cette toile ici, un an plus tard, rue des Saints-Pères. Je n'ai pas pu résister. Dites-moi ce que vous en pensez, mon cher Pierre. Vous avez un œil averti.

Ce que Pierre Dumouchel pensait de la toile de Mimi Parent ?

Dieu du ciel ! Comment Georges Gassin pouvait-il être aussi impudent ? Pensait-il qu'il goberait vraiment cette fable de galerie montréalaise où il aurait été l'année précédente ? Quand avait-il fait faire ce portrait d'Anna ? Est-ce après qu'il soit devenu son amant ou avant ? Le peintre avait doté son modèle d'une chevelure sombre, mais Dumouchel n'était ni aveugle ni imbécile; il reconnaissait parfaitement son épouse.

Oui, Georges Gassin était impudent.

Et imprudent. S'imaginait-il qu'il pourrait le narguer sans qu'il s'en aperçoive ? S'il voulait jouer à ce petit jeu, ils s'y amuseraient à deux.

— Alors, mon cher maître, qu'en dites-vous ?

— Remarquable… La force de Matisse, l'audace dans la couleur, l'équilibre avec ce portrait d'homme à droite… Ma foi…

Pierre Dumouchel s'approcha du tableau pour mieux l'examiner.

— On dirait que c'est vous, là, dans ce cadre avec ce chapeau noir.

Gassin se pencha à son tour, fronça les sourcils en secouant la tête; non, il ne trouvait pas que l'homme du portrait lui ressemblait.

— Ah non ? Bon… Dînons-nous toujours ensemble demain ? La Marée réussit encore à nous offrir une table très correcte, non ?

Gassin acquiesça tout en raccompagnant son avocat à la porte. Oui, la Marée conviendrait parfaitement. Il regarda Dumouchel s'éloigner vers le pont des Invalides, s'étonna qu'il prenne cette direction, supposa qu'il avait un client à rencontrer sur la rive droite et retourna contempler sa nouvelle acquisition. Comme cette femme semblait vivante… La sensualité qui se dégageait de la toile rassérénait Georges Gassin. Depuis le début de la guerre, les femmes avaient bien changé et il y avait trop de vilaines souris grises dans Paris. Oh, il y avait bien des élégantes dans les grands restaurants qui accompagnaient les Allemands, mais la Parisienne, celle qui attire votre œil par sa pétulance, sa coquetterie, son âme primesautière, son allure distinguée ou coquine, celle-là se faisait rare et on entendait trop souvent de vilaines semelles de bois, qui remplaçaient les chaussures de cuir, claquer sur les pavés de la ville avant même que le jour ne soit levé. Les femmes allaient faire la queue pour nourrir leur famille. Est-ce que les Canadiennes connaissaient leur chance? Gassin se réjouit finalement que le modèle qui lui plaisait soit, en vivant loin de Paris, en sécurité.

Lui l'était moins. Mais il l'ignorait.

Il ne savait pas que la jalousie dévorait les entrailles de Pierre Dumouchel. Il ne savait pas que son avocat l'avait surpris avec Anna alors qu'ils sortaient d'un salon de thé de la rue de Rivoli. Il ne savait pas qu'il avait conclu aussitôt qu'ils étaient amants alors qu'ils s'étaient rencontrés par le plus grand des hasards.

En fait, Anna n'était pas amoureuse de Georges Gassin mais d'Alain Steiner et elle n'aurait jamais commis l'imprudence de se montrer en public avec son amant. C'est qu'Alain était juif. Et s'il n'avait pas encore été déporté, c'est parce qu'il parlait plusieurs langues et pouvait être utile aux dirigeants en place. Mais si on apprenait qu'il avait une liaison avec une Berlinoise, il serait sûrement fusillé. Le grand talent d'Anna pour la dissimulation avait permis l'éclosion de leur amour, mais allait causer la perte de Georges Gassin.

Pierre Dumouchel traversa le pont et marcha jusqu'à

la rue des Saussaies où s'était établie la Gestapo. Il allait apprendre à ces gens arborant une croix gammée que Georges Gassin s'appelait réellement Gassinovitch et qu'il possédait des tableaux qui pouvaient plaire au maréchal Goering. On accueillit d'abord les déclarations du traître avec circonspection, mais l'avocat donnait tant de détails sur la fortune de son client que le doute se mua en enthousiasme. On félicita l'homme d'avoir choisi de collaborer et de protéger le monde contre les rats juifs qui y pullulaient. On l'encouragea à continuer à observer ses voisins, ses clients, ses amis et trier ainsi le bon grain de l'ivraie. Comme Pierre Dumouchel affirma que la toile de Mimi Parent valait peu en comparaison du Renoir, des Degas ou du petit Seurat qui faisaient partie de la collection de Gassin, on l'autorisa à conserver la toile de l'artiste canadienne, seule condition à sa délation.

Pierre Dumouchel n'attendit même pas une semaine pour récupérer le *Nu au portrait d'homme*. Dès que Georges Gassin fut arrêté, un policier frappa à sa porte pour lui verser son salaire. La toile n'était même pas emballée et, dans le soleil du matin, on aurait dit que la chair dorée de la femme s'épanouissait, se teintait d'incarnat. Il était très tôt, à peine six heures, car on avait promis à Dumouchel de livrer discrètement le tableau. La rue Saint-Dominique, très calme, avait frémi au passage de la voiture conduite par le soldat; les pavés parisiens s'étaient désaccoutumés de l'agression des automobiles. Seules quelques employées de maison se pressaient déjà, couraient vers les boutiques d'alimentation pour tenter de satisfaire les désirs de leurs patrons. La bonne des Dumouchel croisa ainsi le policier dans le hall de l'immeuble de ses maîtres. Elle frissonna malgré sa cape de feutre, s'interrogeant sur le motif de cette visite si hâtive. En poussant la lourde porte de chêne, elle entendit la voix ensommeillée d'Anna Dumouchel qui s'indignait qu'on sonnât si tôt à la porte.

— Que se passe-t-il pour que… ?

Par la fenêtre, Anna vit le policier qui regagnait sa voiture.

— Mais enfin ? Me direz-vous, Pierre ? Qu'est venu faire cet homme ici ? Quelle est cette toile ?

Elle s'avança vers le tableau, se tourna vers son mari qui la dévisageait, qui s'apprêtait à jouir des fruits de sa trahison; chaque larme que verserait sa femme aurait le goût d'une perle de caviar, d'une goutte de ce Dom Ruinard qu'on trouvait si difficilement depuis le début des hostilités. Il attendait de voir Anna se décomposer, s'affaisser, s'évanouir devant lui quand elle comprendrait enfin d'où venait le tableau de Mimi Parent.

— Ce nu est magnifique, murmura-t-elle. D'où le tenez-vous? Et ce policier? Que faisait-il chez nous à cette heure? Expliquez-vous, enfin…

Nulle trace d'épouvante dans la voix d'Anna, nulle inflexion douloureuse, qu'un étonnement agacé, que cette impatience qui la caractérisait, qui l'avait charmé quand il l'avait rencontrée. Elle était plus forte qu'il ne l'imaginait.

— Cet homme est venu me remettre cette toile. Georges Gassin le lui a demandé. En prison. Notre ami a été arrêté cette nuit. On a découvert qu'il est juif.

— Juif?

Anna ne quittait pas le tableau des yeux, redoutant de

croiser le regard de son mari, redoutant qu'il lise son inquiétude pour Alain. Depuis quelques semaines, elle craignait que la maîtresse qu'il avait quittée quand il l'avait connue ne dénonce leur liaison; des policiers se présenteraient chez lui en pleine nuit pour l'emmener et elle ne le reverrait jamais. Georges Gassin n'avait-il pas disparu malgré toutes ses protections?

— Oui, Georges est juif. Vous l'ignoriez?

— Comme vous, mon ami, comme vous.

— Il a pu payer ce policier afin qu'il vous apporte cette toile. Il tenait à vous en faire cadeau.

— À moi? On se connaît à peine…

Pierre Dumouchel regardait sa femme qui jouait la surprise à la perfection; comment pouvait-elle conserver si parfaitement son sang-froid? Il s'avança vers elle, l'attrapa par le bras, la secoua violemment, furieux d'être privé de son désespoir.

— C'est ton amant! Je le sais! Je vous ai vus ensemble!

Anna tentait d'échapper à l'étreinte de son mari.

— Mais c'est fini maintenant, Georges Gassin a déjà quitté Paris dans un de ces convois qui vont vers l'est…

Il la relâcha, lisant enfin un signe d'épouvante dans ses beaux yeux clairs.

— Tu l'as dénoncé!

Pierre Dumouchel se contenta de sourire tandis qu'Anna le frappait de ses poings fermés tout en répétant qu'il était fou et lâche. Quand elle s'écroula à ses pieds, il prit le tableau et lui tapota le dos avec le cadre.

— N'oublie pas qu'il est à toi maintenant. C'est tout ce qu'il te reste de ton Georges.

Elle poussa un cri qui le contenta. Il y eut ensuite des

pleurs, et il entendait toujours des gémissements quand il sortit pour promener le chien que cette idiote de bonne avait encore oublié.

Quand Pierre Dumouchel rentra chez lui, une heure plus tard, il trouva le cadre du tableau, un beau cadre doré, privé de sa toile. Il se précipita dans la chambre; Anna avait emporté une valise, son manteau noir, mais avait laissé tous ses bijoux. Tous les bijoux qu'il lui avait offerts. Comme s'ils la dégoûtaient…

Où était-elle maintenant? Qui pouvait-il alerter sans faire de scandale, sans attirer l'attention sur cette dispute conjugale? Arnaud Berthier, oui, c'était l'homme de la situation. Il lui téléphonerait dès qu'il aurait bu un café.

L'horloge de la gare carillonna; un homme et une femme se tenant par la main montèrent dans un train. Ils arriveraient quelques heures plus tard à destination; un port où un navire les emmènerait à Londres s'il n'était pas coulé ou bombardé. Et là, dès qu'ils le pourraient, ils s'embarqueraient pour l'Amérique.

Anna se souvenait de la seule et unique fois où elle avait rencontré Georges Gassin; il lui avait parlé du Canada et d'une ville qui lui avait beaucoup plu : Montréal. C'est là qu'Alain et elle feraient réencadrer le tableau de Mimi Parent et le contempleraient en attendant leur premier enfant.

Chrystine Brouillet

Née à Québec, Chrystine Brouillet vit à Montréal. Elle a fait ses débuts littéraires en publiant un roman policier, *Chère voisine* (Typo), à une époque où le genre était fort peu pratiqué au Québec. Depuis, elle s'est illustrée dans d'autres genres dont la saga historique, avec *Marie Laflamme* (Denoël) et le roman jeunesse (La courte échelle). Elle revient régulièrement à ses premières amours avec sa série mettant en scène Maud Graham, le dernier titre paru étant *Soins intensifs* (La courte échelle). Plus récemment, elle a écrit *Le Voyage d'Olivier* (Musée du Québec, 2000), un conte d'après l'œuvre du peintre Jean Dallaire. Elle affectionne particulièrement l'univers des arts visuels.

Cindy Sherman
Sans titre n°153, 1985
Épreuve couleur, 1/6
171 x 125,5 cm

Collection : Musée d'art
contemporain de Montréal
Photo : Denis Farley

Denise Desautels

La pose

Je ne suis pas bien du tout assis sur cette chaise
Et mon pire malaise est un fauteuil où l'on reste
Immanquablement je m'endors et j'y meurs.

Mais laissez-moi traverser le torrent sur les roches
Par bonds quitter cette chose pour celle-là
Je trouve l'équilibre impondérable entre les deux
C'est là sans appui que je me repose.

Saint-Denys Garneau

1.

Elle entre patiemment dans le siècle, l'intention ample, et prend la pose.

Son visage couvert de regards se ferme, volontaire, sous un ciel rare. Elle fait la morte, victime plus vraie que nature, encore inapaisée, se donne des airs d'holocauste — son corps répandu partout, hors du cadre, parmi les vrais, ceux qui ne jouent pas, ne trichent pas —, cherche à se fondre dans la masse, pousse loin le simulacre, du malheur plein les pores, la peau, l'espoir, des fibres d'abandon sur ses paupières et jusqu'au bout de ses cils, s'enfonce, fausse, sans attente ni utopie, disparaît le temps du déclic, puis par fragments revient, seule, artiste, à fleur de terre, l'œil paradoxal,

là où ses petites histoires, mine de rien, s'emboîtent les unes dans les autres.

2.

Où allons-nous, qui sommes-nous, disséminées parmi les choses terrestres ?

Se voit morte. Tout entière. Cernée d'absence. À distance d'elle-même. Ses pupilles aussitôt en arrêt sur les mottes de terre noire, qui étranglent son cou ; sur la laque blonde de ses cheveux; sur la poussière de craie qui râpe ses joues; sur l'immobilité têtue de ses paupières encore entrouvertes à l'orée du chaos; sur ce trop bref silence de sa lèvre supérieure; sur la saleté granuleuse du vêtement qui recouvre son épaule droite, sans défense, la seule visible, la seule offerte à son propre regard tandis que le reste s'est perdu, a foutu le camp.

La mort avance, disponible, constante, gagne du terrain et se propage d'une bouche à une autre; la mort en pointillé chaque fois plus théâtrale.

3.
Reste l'enjeu. Reste l'effroi greffé sur chaque atome du corps vivant.

Peu importe le vrai ou le faux de la mort; peu importe l'inconfort qui subtilement anime le grain des images et des mots qu'on interrompt au passage, artifices divers sans cesse reportés sur le papier, l'écran ou la scène, sur tant d'univers fabriqués qui retiennent, vissées à leurs planches, des milliards de chevilles; peu importe la trahison mesurée du dernier souffle, sa folle théâtralité aspirant les corps, les gestes et jusqu'au fond de l'espace, reste l'effroi humain greffé sur chaque atome du corps vivant, continûment mortel, condamné à revivre son épouvante à chaque répétition de la fin.

L'artiste se met en jeu, en joue dans les ébauches du réel.

D'ailleurs : où l'a-t-on déjà vue, cette scène?

4.
Peu importe à qui appartient cette tête maquillée par le

deuil, car c'est là sans appui que je me repose, que je vous rejoins, dit-elle

à distance de moi-même, égarée parmi des restes interchangeables, magicienne livrée aux subterfuges, à l'horreur que je lis sur vos iris fauves, à l'horreur qui me tue, et qui va et vient entre nous, ardoise striée de prénoms sonores, suaire rigide, debout l'horreur, oscillant entre vous et moi, vulnérables à l'excès, jusque dans nos dénis, jusque dans nos évidences, happées par elle, cela va de soi, nos bouches pourtant closes, au repos, complices même, si semblables à la mort avant n'importe quelle mort.

Or, immanquablement ce silence rougit nos lèvres.

5.

Immanquablement nous mourons, engluées dans nos larmes, après chaque disgrâce.

La pose apprise nous revient. Nous sommes bien assises, calées dans nos fauteuils, comme au cinéma, légèrement en retrait de la tragédie, et cependant portées par l'élan de ses cimetières qui défilent devant et derrière nos rétines barbouillées de ruses. Des personnages et leurs ombres, d'instinct reconnaissables, ont installé en nous leur dernier bruit. Nous sommes habitées. À chaque nouvelle catastrophe, nous reviennent la pose, et les répliques apprises, et cette fascination qu'un surcroît de pitié à chaque fin raffermit, et nous jouons, jouons, jouons...

Pleureuses impénitentes. Ce rôle nous va comme un gant.

Denise Desautels

Denise Desautels vit à Montréal. Elle est écrivaine et professeure de littérature. Elle a publié une vingtaine d'ouvrages poétiques, dont *Leçons de Venise* (Le Noroît) et *Le Saut de l'ange* (Le Noroît), ainsi que *Cimetières; la rage muette* (Dazibao), en collaboration avec la photographe Monique Bertrand. Elle a reçu plusieurs distinctions, dont le Prix des Terrasses Saint-Sulpice de la revue *Estuaire* et le prix du Gouverneur général (1993). Elle est également l'auteure d'un récit, *Ce fauve, le Bonheur* (L'Hexagone). Tout récemment, en 2001, elle publiait *Tombeau de Lou* (Le Noroît), un recueil de textes poétiques accompagné de photographies d'Alain Laframboise.

Jean McEwen
À mauve ouvert, 1963
Huile sur toile
127,5 x 127,5 cm

Collection : Musée d'art
contemporain de Montréal

Lucie Papineau

À mauve ouvert

La nuit entre en moi par flots flous, bribes de musiques, reflets éclatés. La nuit, la poésie est myope, pourrait-il en être autrement?

Il fait mauve. Mauve comme cette presque nuit, mauve comme les yeux de l'amant, au sortir de trop d'amour. Rythmes d'un corps entraperçu entre soir et noir, rythmes d'une rencontre, entre sa peau et la mienne.

Mauve comme la route, derrière le rideau de pluie. Une certaine lumière, à la lisière de l'eau, quelques secondes à peine, mauve comme la route après la pluie, mauve gris, gris mauve, mauve-de-gris.

Mauve comme les ailes d'un papillon.

Mon papillon.

J'écris pour conjurer le manque, j'écris dans la lumière oblique de cette fin de jour, j'écris sous une lumière égoïste. Pour te frôler de mes mots, mon papillon.

Rien n'existe à part ce désir.

Ton désir me manque, ta façon d'habiller le silence, ta voix comme une musique qui, même sans paroles, me chante tes rêves, ton odeur, le goût de ta peau.

J'y entends le froissement de tes ailes, ton souffle contre mes cils, tout près, plus près encore.

Comme j'aime ta voix, baiser ininterrompu, comme j'aime tes mots, comme j'aime...

Mauve comme la voix de l'amant.

Et boire, boire encore, le désir sur sa bouche.

Mauve comme la robe de la princesse qui n'avait qu'une robe. Feu d'artifice de satin où la couleur transparaît derrière les couleurs sœurs. Mauve filigrane.

La princesse et sa robe étaient magnifiques, dans leur tourbillon elles faisaient tourner toutes les têtes, embrasaient tous les corps.

Mais jamais, jamais la princesse ne voulut revoir l'amant.

Son désir n'était pas qu'on sache qu'elle n'avait qu'une robe.

Mauve comme les larmes de la princesse.

La nuit, celles qui n'ont qu'une robe sont tristes, pourrait-il en être autrement?

Mauve comme les lupins escortant la route. Derrière le rideau de pluie, la lumière déchire l'air, à la lisière de l'eau, la lumière dessine un écrin où s'épanouissent les lupins, petites taches de couleur jetées çà et là par un géant fou, au hasard, sur les bords du chemin.

Sur la tombe de la princesse il y aura des brassées de ces lupins que l'amant éconduit, au sortir de trop d'amour, aura fauchés.

Mauve comme les yeux de l'amant, comme sa voix, comme ses larmes, comme tes ailes, mon papillon.

Ton chemin sur ma peau, ton chemin invisible, tu le traces, tu redessines la frontière de nos corps, molécules d'air et d'eau, interpénétrées, tu réinventes l'orage et le repos, tes vagues me frôlent, me lèchent, m'emportent dans leur tourbillon. L'univers respire là, exactement là, à la frontière de ton souffle et du mien.

Reflets roses, mauve rose, rose mauve, mauve-de-rose.

Mauve comme la vie. Comme le début, comme la fin. Comme un film à la pellicule teintée de rêve, comme une ébauche qu'on esquisse sans trêve, un roulement de tambour répété en boucle, une rame qui fend la surface de l'eau, un clapotis, éclaboussant le reflet des étoiles.

Mauve comme la mort. Comme le début, comme la fin.

Mauve ouvert.

Il faudrait savoir peindre un feu d'artifice couleur de nuit sur le ciel de nuit, il faudrait pouvoir dire qu'on n'a qu'une robe, qu'un corps et qu'une vie, il faudrait pouvoir dire qu'on ne joue jamais qu'une seule musique, qu'un thème cent fois repris sur cent tons.

Il faudrait pouvoir traduire ce camaïeu. Mauve comme le désir.

Rien, rien n'existe à part le désir.

Lucie Papineau

Des livres, Lucie Papineau en écrit depuis déjà douze ans, pour le plaisir des histoires qui prennent forme sous les pinceaux des illustrateurs, pour la magie des mots qui brillent dans les yeux des enfants. Elle est aussi journaliste, animatrice, directrice de collections et passionnée de voyages. Alors, entre deux valises, elle écrit des chansons, des articles, des nouvelles, des lettres d'amour. Surtout des lettres d'amour... Elle a notamment publié *La Dompteuse de perruche* (Boréal, 1990, prix Raymond-Beauchemin – ACELF), *Monsieur Soleil* (Dominique et compagnie, 1997), *Pas de taches pour une girafe* (Dominique et compagnie, 1997, prix M. Christie) et *Gontrand et le croissant des cavernes* (Dominique et compagnie, 1999).